DU MÊME AUTEUR

Suite des œuvres de Michel Onfray en fin de volume

NAGER AVEC LES PIRANHAS

MICHEL ONFRAY

NAGER AVEC LES PIRANHAS

CARNET GUYANAIS

GALLIMARD

À Ghislain Gondouin, qui sait pourquoi...

Nous sommes d'un temps dont la civilisation est en danger de périr par ses moyens de civilisation.

NIETZSCHE,
Humain, trop humain, I. § 520.

I

SUR LE MARONI

Ce que l'on trouve dans un voyage est toujours ce que l'on y met. Les ethnologues n'échappent pas à cette règle bien qu'ils recouvrent leur subjectivité avec un mille-feuille théorique. Dans les Dogons de Griaule, il y a plus de Griaule que de Dogons, de même qu'il y a plus de Lévi-Strauss dans ses Nambikwaras que de Nambikwaras ou plus de Clastres dans ses Guyakis que de Guyakis. Un Blanc qui vit dans une tribu peut bien se faire initier, changer de nom, porter le costume de la tribu, se plier aux us et coutumes de sa nouvelle communauté, il reste blanc – un *nègre blanc*, certes, mais un Blanc quand même... Une âme ne s'échange pas, une âme ne se pénètre pas, une âme ne se comprend pas. Dans l'idéal, il faudrait se contenter de vivre en compagnie de cette âme et taire ce que l'on croit savoir. Mais l'idéal n'est pas de ce monde.

Je ne hais pas les voyages. Mieux, ou pire : je les aime. La grande fracture dans la pensée occidentale s'effectue avec Montaigne qui rencontre des Brésiliens à Rouen, des Tupinambas en l'occurrence, en 1562, en compagnie du roi Henri II. Le roi arrive dans la ville normande avec cinquante Indiens et deux cent cinquante matelots nus. Le philosophe les rencontre. Il revient probablement avec l'un d'entre eux, soit un Brésilien lui-même, soit un marin normand qui a participé aux voyages brésiliens comme interprète. L'homme entre à son service dans son château où Montaigne se constitue une collection, disons, d'art premier : hamacs, épées massues, cordons de coton, bracelets de bois, bâtons de rythme...

J'aime les voyages non pas parce qu'ils nous permettent de rencontrer l'altérité dans un même temps, mais parce qu'ils nous donnent la mêmeté dans un autre temps. Ces peuples sont en effet fossiles : autrement dit, ils sont ce que nous fûmes et, hélas, ils seront ce que nous sommes, avant que tous, ceux qui furent, ceux qui sont et ceux qui seront, disparaissent dans un même homme insipide, fade comme un ver solitaire.

Nous avons été ces peuples qui sont encore, alors que nous ne le sommes plus. Le bonheur du voyage consiste à voir cette lumière d'une étoile morte nous parvenir aujourd'hui. Nous sommes les contemporains de ce que nous fûmes. C'est ce que nombre d'ethnologues présentent comme l'altérité.

Le paradoxe est que ces peuples sont à la fois dans un monde, celui qui fut, et dans un autre, celui qui est, le premier se faisant dévorer par le second. Ce grand écart entre le monde généalogique de notre humanité et le monde postmoderne, deux pieds dans deux univers, génère le tournis, le vertige, l'étourdissement. Ce tourbillon est un appel d'air dans lequel les jeunes s'engouffrent comme dans l'entrée d'un trou noir stellaire qui absorbe tout, même la lumière.

Tout commence par un voyage dans le temps qui est aussi métaphoriquement et réellement la remontée d'un fleuve, le fleuve Maroni. D'un côté, le Suriname, de l'autre, la Guyane française. La Guyane est le pays de la conquête de l'espace des Européens en même temps que la terre des chamanes et des sorciers, des guérisseurs et des vieux sages. Un bric-à-brac ontologique de fusées sophistiquées et d'invocations chamaniques, de satellites perfectionnés et d'étuis péniens, de technologie virtuelle haut de gamme et de coiffes en plumes d'ara, d'hélicoptères républicains et de pirogues ancestrales.

À Cayenne, ville au bord d'une mer marronnasse, il y a la violence et la prostitution, des quartiers dangereux, des histoires racontées par tous les expatriés de couteaux sous la gorge, de viols de femmes sous les yeux de leur famille, d'égorgement pour quelques billets. Dans les maisons privées, outre les clôtures barbelées, les portails sécurisés, les pièces intérieures sont séparées, malgré la porte, par une grille qui ferme à clé. Chaleur et moiteur dans les pièces où l'humidité gondole les livres, tache les murs, parfume l'air de la pourriture des terres qui décomposent la végétation tropicale.

À Kourou, ville aseptisée réservée à la fine fleur de la recherche spatiale européenne, il y a la police et la légion, l'armée et la sécurité, les sportifs musclés, la tête rasée, qui travaillent dans le renseignement et les crânes d'œuf russes ou suisses qui mettent au point le cœur secret du satellite. On y travaille à la surveillance planétaire par la mise en orbite de ce qui va surclasser le GPS américain. Ici, on prépare le futur de 1984.

À Saint-Laurent-du-Maroni, il y a le bagne dont on m'avait souvent dit, alors que j'étais un enfant sage, qu'il finirait bien par être un jour mon destin... Les murs d'enceinte m'y semblent très bas : une courte échelle pourrait en avoir raison très simplement. J'y découvre que le bagne est moins ce qu'on en dit et plus un auxiliaire du colonialisme français que le maillon d'un dispositif disciplinaire carcéral : créé par la Révolution française pour y déposer ses opposants dès 1792, il était en fait un centre de tri avant répartition dans des îles où le régime était musclé. Je me souviens qu'un de mes ancêtres, Joseph Duclos, né à Saint-Marc-sur-Couesnon le 23 juillet 1823, y a été admis en 1856. Il est décédé âgé de cinquante-deux ans le 21 septembre 1875 à six heures du soir à l'hospice du camp de Saint-Denis-Cayenne ! Son numéro était le 4782 - 637 - 1934. Salut l'ancêtre !

À Maripasoula, j'arrive en avion. Après une heure de survol de la forêt amazonienne dans un petit avion privé. Il y a là, dans cette jungle impénétrable, des peuples qui n'ont jamais vu rien d'autre que ceux de leur tribu. À travers le casque qui nous permet de communiquer dans le boucan de la cabine, le pilote parle du *brocoli* pour signifier cette forêt vue du ciel. C'est en effet une architecture en abîme, un cas d'école pour les fractales : les feuilles font une branche, les branches font un bouquet, le bouquet fait un arbre, les arbres font la forêt, et la feuille ramasse la forêt tout comme la forêt ramasse la feuille : c'est la même découpe ontologique réfractée et diffractée. Parfois, dans cette marée verte, une tache jaune. Des fleurs de l'ébène guyanaise. Je suis tout au spectacle.

Au beau milieu de nulle part, dans la forêt qu'on imagine impénétrable, sinon après avoir taillé en elle, à la machette, des chemins de lumière par lesquels passent les hommes, on aperçoit une immense balafre dans le cœur de la verdure : une plaie de terre ouverte, une cicatrice de marne, ocre clair. Ce sont les territoires des orpailleurs où les hommes travaillent comme dans un enfer pour filtrer le sol et obtenir, au creux de leur main, deux ou trois pépites d'or. C'est un lieu de non-droit. Personne n'y pénètre sans y être invité ; quiconque y viendrait de son plein gré pourrait ne jamais sortir de cet enfer de terre retournée. L'armée française n'est pas loin, un détachement d'infanterie de marine hisse les couleurs chaque matin à quelques jets d'arc ; l'État français laisse faire. Le non-droit a ses raisons que la raison ne connaît point.

Maripasoula est la commune la plus étendue de France – c'est l'équivalent de ma Basse-Norman-die... C'est l'un des lieux à la densité la plus basse. À côté, la Lozère, c'est Sao Paulo. On n'y parvient pas autrement qu'en avion. Il n'y a aucune liaison terrestre avec le reste du monde. Le pilote coupe le moteur. La sortie à l'air libre s'effectue dans un immense silence contemporain des débuts du monde. La chaleur danse ; le soleil tape ; la lumière brûle les yeux ; le corps entre dans une douce fournaise.

Un taxi nous attend. Il traverse des zones avec des maisons protégées. D'autres ne le sont pas ; leur pauvreté montre qu'il n'y a rien à y voler. Végétation tropicale.

Nous embarquons dans une pirogue qui traverse le fleuve afin d'aller chercher pour chacun de quoi se couvrir la tête pour les deux heures que durera la remontée du cours en plein soleil. À l'autre bord, nous sommes au Suriname : on y entre comme dans un moulin. Sur le ponton d'une baraque, des policiers boivent des bières et jouent aux cartes. Sans visas pour ce pays, nous pénétrons dans un immense hangar tenu par des Chinois.

Ces familles courageuses ont traversé les mers et risqué dix fois leur vie pour un avenir meilleur : elles trustent ici le commerce et ses hangars. Sous les tôles brûlantes, on trouve tout – de mauvaise qualité : fruits et légumes ratatinés par la chaleur et jouets d'enfants en plastique, papier toilette rêche et chapeaux de paille pour petites têtes, friandises aux couleurs pâlies et cafetières électriques surréalistes, poudre à diluer dans l'eau pour des boissons citriques et cathédrales de packs de bière, bananes séchées sous plastique et cacahouètes en sachet, des téléphones portables qui ressemblent à des jouets et des jouets qui ressemblent à des téléphones portables, on ne sait plus lequel est lequel, et tout ce que l'on trouve habituellement dans une caverne d'Ali Baba.

Après une bière sortie du frigidaire dont le moteur ronronne et une poignée de cacahouètes mangées sur le ponton, une fois ajusté le foulard de corsaire qui me protège du cagnard, nous partons pour deux heures de pirogue. Maripasoula derrière nous, sa garnison de marsouins peignée comme une maison en carton bouilli, les pirogues de moins en moins nombreuses, des maisons sur le rivage de plus en plus rares, quelques-unes joliment colorées, une mission évangélique rutilante, une autre petite maison, puis plus rien : c'est le fleuve.

Le fleuve est un livre que seuls savent lire les piroguiers. Le nôtre est jeune. Il est debout et regarde l'eau trouble comme un rapace doit regarder le sol où trottine la souris. Pour moi, l'innocent, ce fleuve, c'est un fleuve ; pour lui, le savant, le fleuve, c'est une histoire, un monde, un univers, une galaxie, un cosmos dans lequel il se déplace comme les marins de jadis en regardant les étoiles ou les positions de la lune. Moi, je vois de l'eau entre deux berges, la surface des choses en quelque sorte ; lui, il voit sous l'eau : les piranhas et les anacondas, les filaments végétaux et les racines, les rochers qui affleurent et les rocs du lit du fleuve, les bouillonnements invisibles de l'eau et les lissages du courant souple. Debout au fond de sa pirogue, il regarde, droit comme un arbre tendu vers la canopée ; il avise ; il joue avec la cartographie fluviale qu'un ancêtre lui a transmise comme l'initié est un jour affranchi ; il parle en silence au cours du fleuve, lui murmure des choses, le toise et le menace sans violence quand il faut remonter un courant. Il donne des coups d'accélérateur, il ralentit l'esquif, l'accélère, l'engage dans une passe, il coupe le moteur, la pirogue glisse et se faufile entre deux rochers, il met les gaz, la proue attaque le courant comme une gueule se saisit d'une proie, le ventre étroit et serré du bateau chevauche les vagues, la pirogue semble renoncer à monter la passe, puis elle avale les vagues qui arrivent. Je prends un paquet d'eau dans le visage. La pirogue a franchi les remous.

L'étrave ouvre l'eau du fleuve en deux ; elle fait verser de part et d'autre des jets d'écume ; des vagues partent de l'avant et se transforment en vaguelettes, puis en rides sur lesquelles, parfois, quand on les croise, gîtent d'autres pirogues qui descendent avec leurs passagers placides. Parfois, une vieille dame se protège du soleil sous un parapluie multicolore ; sa pirogue ondule au passage de la nôtre ; elle va vers son destin et croise le mien.

Le profane irait au centre du fleuve en croyant qu'ici le lit est le plus profond. Or sous la peau de l'eau, la pierre fait la loi : plus d'un, naïf (comme je le serais), a brisé sa pirogue ou crevé son bateau en croyant qu'il pouvait entrer seul dans ce monde que l'on ne pénètre que si l'on est initié. Le piroguier met son savoir à notre service. Il écrit une partition à la surface du fleuve et n'utilise que rarement la ligne directe : il va parfois d'un bord à l'autre, ou trace une diagonale qui coupe un massif de pierre en deux car ce dernier laisse passer en son centre assez d'eau pour porter l'embarcation.

La saison est sèche. Il n'a pas plu depuis longtemps. Il s'en est fallu de peu que le fleuve ne fût pas navigable. Il l'est, mais le jeune piroguier cherche les passages. Le géographe qui m'accompagne avec son ami photographe m'explique que, dans des bureaux climatisés, des techniciens de l'État français ont décidé de *dérocher* – j'apprends le mot que je fais répéter.

Dérocher, c'est « enlever les rochers d'un chenal,

du lit d'une rivière, d'un terrain, etc. ». Mais aussi : « Utiliser un produit corrosif (en général un acide) pour enlever les scories à la surface d'une pièce métallique. » Ou bien encore : « Lâcher prise (alpinisme). » En fait, la collision de ces trois défi-nitions en permet une pour le fleuve Maroni : enle-ver les roches de son lit, c'est utiliser un acide qui l'attaque, ce qui le conduit à lâcher prise... Autre-ment dit : ce qui semble l'intelligence des hommes travaille à détruire l'intelligence du fleuve qui, de ce fait, devient fou. Les roches supprimées, les courants s'emballent, le fleuve devient dange-reux. On le voulait navigable toujours ; il menace de ne l'être plus jamais.

En attendant, l'intelligence du piroguier est en contact avec celle du fleuve. Une fois, entre deux roches saillantes, le fond a frotté ; la pirogue est passée. Dans un autre endroit, le courant était trop vif, pour éviter le retournement, le pilote a préféré effectuer seul le passage pendant que nous traversions à pied l'îlot au milieu du fleuve.

Quand nous étions près de la rive, le moteur presque coupé, nous entendions les cris des oiseaux, ceux des perruches et des perroquets, ou bien encore les hurlements de singes invisibles. Cette vitalité racontée par les animaux l'était aussi par les odeurs : le parfum de la pourriture millénaire des feuilles et des bois dans la fabuleuse hygrométrie qui transforme en terre tout ce qui fut vivant. L'humus chauffé par la décomposition est une fragrance contemporaine des débuts du monde. Ces cris sauvages et ces odeurs primitives rapetissent l'âme, augmentent le monde et font expérimenter le sublime, un genre d'extase mystique païenne où la raison se trouve éteinte, la conscience nullement séparée du monde, la sensation exacerbée comme la seule connaissance, immédiate et directe, brutale et adéquate. Je fus un temps cette terre dont je venais et vers laquelle je vais.

Quand l'eau était abondante, la vitesse augmentait. Pendant ces deux heures il y eut de magnifiques et vastes papillons voletant entre les deux rives. Venus de nulle part, repartant vers nulle part, ils explosaient en zigzags comme un festival de légèreté et de jaunes, de vivacité et de bleus, d'éphémère et de rouges. Les anciens Grecs confondaient l'âme et le papillon dans un même mot : *psuché* ; ils avaient raison. Des oiseaux passaient à vive allure pour avaler un moucheron – la mort de l'un travaillait à la vie de l'autre. De temps en temps, un poisson inconnu et luisant de lumière sortait de l'eau ; il gobait lui aussi un insecte, puis retombait dans l'argent de cercles concentriques.

Parfois, à la surface de l'eau claire, au beau milieu du fleuve, j'avisais des ricochets. Impossible qu'une pierre ait été lancée à cet endroit par un homme. Une série de sauts de moins en moins espacés entre une invisible sortie et un soudain retour dans l'onde. La fois suivante, je vis le poisson volant, nageant sous l'eau, planant dans l'air, nageant dans l'air, planant sous l'eau.

Le soleil frappait fort. J'avais déchiré le papier d'un carnet de notes pour le tremper dans l'eau du fleuve et le poser sur mes pieds nus qui commençaient à rougir et à gonfler. Le géographe s'arrosait régulièrement la tête avec l'eau du fleuve. Le photographe était stoïque à l'avant de la pirogue.

À mi-chemin, le piroguier fait glisser son embarcation sur le sable d'une petite crique, côté Suriname. Nous grimpons le petit raidillon qui conduit à un village de quelques maisons. Il y a là sa mère et de petits enfants. Impossible de distinguer les âges. Ni, donc, de savoir si ce sont ses enfants ou ses petits-enfants ou des enfants d'autres familles. À l'étage de la cabane en bois, leur maison sur pilotis, grâce au groupe électrogène qui fournit l'électricité, les enfants à demi nus regardent à jet continu les séries américaines à la télévision. Le piroguier revient avec un récipient en plastique dans lequel tout le monde boit ; il nous invite à goûter le *cachiri*, une boisson au manioc fermenté. Il y a encore peu, la racine était mâchée par les femmes qui recrachaient leur salive dans le récipient où l'ensemble s'alcoolisait. En bouche, la boisson est un genre de petite bière tiède avec de fines bulles comme on en trouve dans une soupe après deux jours sans frigidaire... Le Tupperware ayant vécu passe de bouche en bouche. J'ai posé la question : le cachiri n'a pas été fermenté dans la bouche édentée de la vieille femme... qui doit avoir mon âge. Nous reprenons la pirogue – en ayant soif.

Deux heures après Maripasoula, nous arrivons dans un village wayana posé sur un élégant coude du fleuve : Taluhen. Le village est calme, silencieux, fluide. Aucune brusquerie, aucun stress, pas d'impatience ou de précipitation : le temps est lisse comme le flux de l'eau du fleuve à cet endroit. Il passe sans qu'on s'en aperçoive. Il n'est pas mesuré. Ce qui importe c'est le jour et la nuit et, dans le jour, le matin, le midi, l'après-midi, la soirée avec les activités qui correspondent : travailler, chasser, aller et venir et dormir. Puis se lever, se laver, préparer le repas, manger, chasser, pêcher, se reposer, préparer le dîner, manger, boire, se coucher. Ici, le rythme est celui des hommes depuis le début de l'humanité : il obéit à l'alternance du soleil et de la lune, puis de la saison sèche et de la saison des pluies, puis de la naissance et de l'enfance, de l'adulte et de l'ancien, du vieillard et du mort.

La descente de la pirogue fait tanguer doucement l'esquif. Poser le pied sur le sol du village, c'est vibrer encore des deux heures du voyage. Monter en silence le raidillon qui traverse un récent brûlis où l'on reconnaît des feuilles de bananier, c'est vibrer toujours au bruit du moteur de la pirogue.

Quelques mètres plus haut, comme un signe, l'entrée dans le village se fait là où l'ancien attend la mort. On nous dit qu'il n'en a plus pour très longtemps, il est dans son hamac, recroquevillé, rabougri. Le vieillard effectue la fin du trajet qui le ramène à l'état de fœtus. Le silence est en lui ; il est aussi autour de lui. Le très vieil homme fut à l'origine de la création du village. Il est mémoire d'un temps ancien et, doucement, emporte avec lui ce temps perdu.

À deux pas, les antennes paraboliques éclosent comme des fleurs vénéneuses sur le toit des petites maisons de bois. Non loin, les groupes électrogènes toussotent, mais à grand bruit...

On leur doit la pollution ontologique des civilisations de la forêt guyanaise. Nous sommes loin du monde, certes ; mais, hélas, le monde entre par effraction dans les petites cahutes en bois. Ces peuples ancestraux de la magie et des mystères, des mythes et de la forêt, du tatou et du tamanoir, du piranha et de l'anaconda sont devenus des contemporains des séries américaines ou des informations parisiennes. L'attentat du Bataclan arrive en direct dans la maison de bois du chamane, dans celle du guérisseur, dans celle du sorcier, dans celle du sage...

Le photographe, Miquel Dewever-Plana, vit depuis plus de deux ans dans ce village. C'est à lui et à son ami géographe que je dois ma venue dans cet endroit. Depuis des mois, il photographie très exactement cette coupure entre deux mondes vécus dans un même corps par de mêmes personnes. Dans cette balafre s'engouffre la vie de nombreux jeunes qui ne savent plus quoi faire de ce trou, béant dans leur être, et qui y plongent comme on se jette dans le vide en espérant que, derrière l'enfer, on débouche dans le paradis. Or, derrière l'enfer, c'est le néant.

Le trait de génie de Miquel est qu'il pense en diptyque : il faut en effet deux photos pour signifier ces deux mondes. L'appareil est placé dans un même endroit – le fond ne change pas ; une fois, il photographie une personne dans son habit traditionnel ; une autre, la même personne, mais dans l'habit de cirque occidental que la télévision lui fait désirer.

D'une part : la nudité, les seins lourds des femmes, les muscles des hommes, mais aussi leurs ventres effondrés par les maternités pour les unes, par l'alcool pour les autres, des pagnes avec des dessins labyrinthiques traditionnels, des parures de perles autour du cou, pour les femmes, aux genoux, aux chevilles, aux poignets, des peintures sur le visage, des pieds nus, en contact avec le sol ; des tores de plumes d'oiseaux sauvages sur la tête.

D'autre part : les vêtements occidentaux, les silhouettes cachées par le flou des bermudas pour les garçons et des jupes pour les filles, des jeans larges et des tee-shirts gore avachis, des baskets non lacées ou des tatanes de gardien de baignade en plastique, des tongs, des casquettes vissées de travers sur la tête, des bijoux de pacotille pour les hommes, des montres à quartz...

Mais les uns sont les autres : ainsi, Derrick « Tukanu » Jubitana Opoya, le petit garçon de huit ans dont les parents nous logent, porte-t-il, sur un cliché, le pagne rouge cachant son étui pénien, puis rien d'autre ; et, sur l'autre, le bermuda blanchi à l'eau de Javel et les baskets montantes, le gilet de costume trois pièces et un tee-shirt bariolé. Sur la première photo, il porte aussi les vertus de sa tribu : la fierté, la détermination, la virilité, la superbe, la force, l'affûtage ; sur la seconde, les vices de la nôtre : l'arrogance, la suffisance, le narcissisme, l'égotisme, l'insolence, l'avachissement. Sur l'une, il est bien campé sur ses jambes écartées, les mains sur les hanches, cuivré comme un petit dieu de la forêt ; sur l'autre, il est désarticulé comme un rappeur, il grimace avec ses doigts, son regard qui est resté le même n'est plus le même. Ici, il dit l'acuité ; là, il signifie la fourberie.

De même avec sa mère, Kindy «Etaïki» Opoya, vingt-huit ans. D'une part, ses pieds nus sont en contact franc avec le sol ; la force tellurique semble irriguer la totalité du corps et irradier son visage, celui d'une guerrière aux seins lourds qui est aussi mère ; elle semble faite pour la course et la chasse, la pêche et la cueillette, le mariage et la maternité ; elle porte des tissus traditionnels, un cordon rouge et un cordon bleu lui barrent le torse, un pagne rouge est recouvert par un carré avec des motifs eux aussi traditionnels : des labyrinthes rouge et bleu ; ses cheveux noirs, libres, tombent sur ses épaules ; elle a le regard de qui sait lire sans faute la Voie lactée et la forêt, le fleuve et les nuages. Sur l'autre photo, sa rectitude corporelle a disparu, perdue dans un ber-

32

muda en lycra et un body froncé ; son regard perçant est devenu neutre ; ses cheveux sont retenus en arrière ; les mains qui pendaient reposent sur les hanches ; la verticalité laisse place aux sinuosités des peintures maniéristes, dès lors, le corps semble poser problème quand, dans la nudité, il apparaissait radieux ; les pieds sont prisonniers de sandales, ils ne touchent plus la terre, ils sont même en déséquilibre – ce déséquilibre induit par la fin des pieds sur terre génère dans tout le corps cette ondulation de l'être visible dans ces corps embarrassés.

Naguère, rapporte Derrick, c'était son grand-père qui lui racontait des histoires, le soir, dans la nuit ; aujourd'hui, c'est la télévision. Lui dit préférer celles du petit écran. Alors qu'il n'a pas dix ans, il veut être commandant de bord pour gagner beaucoup d'argent... Est-ce insulter cet enfant et son avenir que d'affirmer que laisser pareil désir fleurir dans son âme, c'est arroser une plante vénéneuse qui va lui manger l'esprit ?

La France a planté son drapeau tricolore dans le village ; elle a également installé sa poste dans laquelle arrivent le Revenu de solidarité active et les Allocations familiales avec lesquels la plupart vivent sans rien faire ; elle a envoyé, jadis, ses missionnaires qui ont enlevé les enfants pour les placer dans des institutions où l'on a moqué la croyance du chamane en affirmant qu'il fallait désormais vénérer le fils d'une vierge dont le corps est dans du pain et le sang dans du vin ; elle a diligenté des instituteurs qui ignorent tout du cri d'un capucin blanc, de la trace d'un paresseux, du chant d'un kikiwi ou de celui d'une grenouille arboricole, mais sont incollables sur la population du Benelux, le nombre d'étoiles du drapeau européen (car, oui, dans la forêt amazonienne, nous sommes en Europe...) ou la date de création de l'euro...

À l'entrée des classes de l'école de la République, sous la lumière blanche d'un matin de début du monde, à un jet de pierre du fleuve où passent les pirogues, les enfants attendent quasi nus avec juste un petit pagne rouge qui cache leur étui pénien. Concession faite à la forme. Mais une fois entrés dans la salle de classe, ils sont à égalité avec un enfant du CM2 de Vénissieux. Que veut dire *égalité* ici ?

Si l'école doit apprendre à vivre dans son pays, et qu'on imagine que ce pays est le même dans l'Hexagone et dans les départements et territoires d'outre-mer, alors on se trompe. Car pas plus qu'on n'enseigne dans l'Hexagone la faune et la flore guyanaises ou la pensée des tribus amazoniennes concernées par ce territoire, on n'imagine pertinent d'enseigner à Taluhen ce qui reste d'histoire de France, Vercingétorix et Clovis, Louis XIV et Napoléon, Pétain et de Gaulle...

Or il existe moins de dix mille Amazoniens relevant de six ethnies : Kali'na, Lokono ou Arawak, Palikur, Teko ou Émerillon, Waÿapi et Wayana ; elles sont réparties en trois familles linguistiques, caribe, arawak et tupi-guarani ; une tradition orale sauvegardée rapporte la geste de Kailawa et l'histoire de Sikëpuli, deux héros mythiques ; une mythologie sculptée et peinte sur des ciels de case transmet par l'image l'histoire d'animaux fabuleux ; des tissus et des poteries agissent de même avec la symbolique particulière des motifs ; des cérémonies initiatiques sont toujours pratiquées. Des lieux, des langues, des histoires, des arts, des artisanats, du sacré : il y a là des civilisations que mettent en péril depuis longtemps les missionnaires évangélistes qui ravagent ces peuples tout autant que la république jacobine incapable d'initier ici une formule girondine respectueuse des identités tribales, locales, constitutives de la République française.

Gorgés de Louis XIV et de Jean Monnet, les enfants qui vivent à sept mille kilomètres de Paris, de l'autre côté de l'océan Atlantique, ne savent plus chasser ou pêcher comme jadis leurs ancêtres : les anciens connaissaient la racine toxique qui, taillée dans la forêt, permettait de pêcher le poisson après qu'elle a été trempée dans l'eau. Le jus de la racine agit sur le système nerveux des poissons auxquels l'oxygène vient à manquer. Les atipas, la carpe ou les piranhas se retrouvent alors sur le ventre à la surface où il suffit de les prélever. De même, les ancêtres n'ignoraient rien du tamanoir ou du tatou sur lesquels ils décochaient leurs flèches avant de recycler l'animal, le tatou par exemple, en plaques pour des bijoux et en ragoût. Les Wayanas mangent aujourd'hui les conserves achetées sous les hangars surchauffés des Chinois : en plein cœur de la forêt amazonienne, sous la lune claire, coincés entre le fleuve et la forêt, nous avons avalé une soupe de nouilles chinoises et du riz...

Pendant que nous mangions nos nouilles chinoises, Kindy était partie avec son mari à une soirée cachiri. Leur fils Derrick était resté seul devant la télévision. Ils sont rentrés titubants. Lui a avoué avoir bu dix litres de cet alcool de manioc fermenté ; elle n'a pas donné la quantité ingurgitée, mais elle a avoué trop boire, confessant qu'elle ne pouvait plus s'arrêter quand elle avait commencé. L'enfant savait que ses parents rentreraient ivres. Le grand-père (plus jeune que moi...) est passé avec un fusil ; il avait entendu un tatou ; la forêt était à vingt mètres ; il y est entré ; on n'a entendu aucun coup de feu ; il nous a rejoints sous l'appentis où nous dînions ; ce soir-là le tatou n'a pas fini en ragoût ou sa kératine en plaques pour collier.

Que peut espérer Derrick ? S'il a de bons résultats à l'école de Taluhen : quitter son village. Autrement dit, couper encore les quelques racines qui lui restent avec ses ancêtres. Nourri au lait pourri de la télévision européenne et gavé au pudding républicain jacobin, quel avenir a-t-il devant lui ? Monter au collège de Maripasoula où la petite ville ignore ce qui retient encore dans un village quand tout le monde vit sous le regard de tout le monde : l'alcool, la drogue, la prostitution, la violence. La petite ville qui veut se faire aussi grosse que le bœuf de Cayenne méprise le village. Pour éviter le mépris, les jeunes n'ont pour seule solution que d'adopter les codes des dominants : laisser tomber la tenue traditionnelle, s'habiller comme eux, se déguiser en Occidental, porter sa casquette de travers et faire des signes cabalistiques de rappeur avec les doigts, s'avachir le corps en même temps que l'âme, troquer la fierté tribale contre la veulerie occidentale, jeter la droiture de leur ethnie aux orties et afficher l'insolence qui fait la loi sur l'écran de leur télévision. Le satellite est une peste dont on mesure mal l'effet ethnocidaire. Si d'aventure Derrick a obtenu de bons résultats au collège, il ira au lycée de Cayenne où la toxicité urbaine est multipliée par mille. Dans son village où l'on n'éventre que les poissons et où l'on ne saigne que le tatou, il ignore qu'on peut aussi éventrer ou saigner un humain – surtout s'il y a quelque argent à espérer au pillage de son portefeuille ou à la revente de ses babioles, un pauvre petit bijou ou un téléphone portable en fin de course... Si par hasard collège et lycée avaient été des étapes franchies allégrement, Derrick devrait quitter la Guyane et venir à Paris où il faudrait se loger, se nourrir, se déplacer sans grand espoir de revoir souvent son village – les déplacements sont trop coûteux... Pas la peine d'avoir lu l'œuvre complète de Pierre Bourdieu pour savoir que ce petit garçon ne sera probablement jamais commandant de bord. Il ne sera, hélas, pas plus un chamane ou un guérisseur, un pêcheur habile ou un chasseur doué. Il errera entre les deux rives : plus wayana, pas européen. C'est entre ces deux bords, dans l'eau froide et glacée du monde occidental qu'il perdra pied : il existe un nombre incalculable d'enfants pendus pour n'avoir pas trouvé leur place dans un monde où la schizophrénie est devenue la loi – un monde où l'on croit aux esprits familiers du chamane et un autre dans lequel le groupe électrogène permet de vomir les images du nihilisme européen.

J'eus un soir une conversation avec le sage du village. La nuit était tombée. Les grenouilles étaient des centaines à chanter sous la lune. Elles s'étaient rassemblées autour du raconteur et semblaient l'écouter, sages et immobiles, les yeux braqués sur lui. La différence entre les hommes et les bêtes paraissait abolie : je n'aurais pas été étonné d'entendre la rainette et le crapaud parler, pas plus qu'il ne m'aurait semblé incongru que le sage coasse...

Je dis : *avoir eu une conversation...* En fait, il y eut moins une conversation qu'un magnifique monologue sous la clarté lunaire et dans la polyphonie des chants animaux, et ce à partir de trois ou quatre questions. Le sage est bavard, me dit Miquel qui expérimente son mutisme depuis deux années. Il parle comme probablement parlait son père, chamane, en présence des habitants du village, il y a un demi-siècle, à l'époque où la tribu est nomade et change de camp tous les sept ans, conduite par les anciens.

Il a refusé d'être chamane parce que son père,

qui l'était, est mort jeune, à cause, dit-il, de la rivalité et de la jalousie des autres chamanes à son endroit. Le chamane fait le bien, mais il fait aussi le mal, comme jadis, en Occident, il existait une magie blanche bénéfique et une magie noire maléfique. Il y a donc des esprits ; il n'en doute pas. Ces esprits sont familiers au chamane qui communique avec ce qui, dans le vivant, échappe à la raison raisonnable et raisonnante. Par exemple, on ne comprend pas pourquoi il y eut un mort : la pensée magique, elle, explique pourquoi, comment et de quelle manière. Elle dit ce qui a présidé à ce qui, sinon, apparaît comme dépourvu de sens.

Ainsi, il a été malade puis hospitalisé à Cayenne. La médecine occidentale n'a rien trouvé. Elle n'expliquait pas son mal qui empirait malgré les médicaments. Il dépérissait. Il a donc fait venir un chamane qui, précise-t-il, lui a retiré quinze flèches du dos. Je me demande un instant si ce sont de *véritables* flèches. Mais véritables, qu'est-ce que cela peut bien signifier quand le *véritable* est magique ? Il n'y a probablement pas quinze flèches matérielles retirées du dos du sage et conservées dans une boîte dans sa maison de bois. Mais l'extraction de ces flèches véritables qui n'existent pas a généré une guérison vraie. Preuve que le chamane soigne et guérit...

Le chamane guérisseur a su qui était derrière le mal mais n'a pas voulu donner son nom. A-t-il eu une vision réelle de gens ou d'esprits réels, on ne sait, toujours est-il que cette vision, gardée par-devers lui par le chamane, a permis l'envol du mal, puis la disparition de la souffrance et des symptômes. Le chamane, dit-il, *guérit par la parole*... Je ne peux qu'esquisser un sourire intérieur moi qui ai présenté Freud comme l'ultime chamane occidental, ce que je pouvais comprendre, alors que lui se présentait comme le premier scientifique moderne de la psyché, ce qui se révélait être totalement faux. Freud était un Wayana perdu dans Vienne...

Y a-t-il encore un chamane dans le village ? Pas vraiment... Pas plus qu'il n'existe de guérisseur ou de sage... Mais une sortie en forêt est possible, si je reviens, pour aller à la recherche des racines : les fameuses lianes ichtyotoxiques, le *hali-hali* (*lonchocarpus*), qui libèrent la roténone avec laquelle les poissons se trouvent asphyxiés, mais aussi d'autres lianes, aux propriétés thérapeutiques avérées, dont une qui, dès son incision, libère un jus à la vitesse d'un liquide sortant d'un tuyau d'arrosage. D'autres encore soignent des maladies qui n'ont pas forcément de noms mais dont on sait comment les soigner.

Jean-Marie Pelt, agrégé de pharmacie, naturaliste, botaniste hors pair, ethnopharmacologue, a effectué un voyage en Amazonie pour prélever des plantes qu'il a soumises à son retour à des analyses spectrographiques extrêmement poussées. Il a compris que ce que la science découvre a posteriori, de façon déductive, des centaines d'années plus tard, les hommes de la forêt amazonienne le savaient depuis toujours de façon empirique. La sagesse amérindienne de qui connaît les plantes n'a pas attendu le microscope à balayage électronique ou la théorie des quanta pour savoir quelle plante soigne quoi. Cette sagesse empirique, rurale, n'est pas la sagesse urbaine que chérit la république jacobine...

Dans le village, on commence par se soigner en ayant recours à la médecine par les plantes ; on peut aussi, avant ou pendant, solliciter le chamane : la présence de substances avérées dans une liane ou une feuille, dans un jus ou une décoction, dans une fumigation ou une ingestion n'interdit pas les substances ontologiques de la parole. D'habiles tours de magie ou de prestidigitation font apparaître dans le récit chamanique un caillou noir, une pierre sombre, un caillot épais, une viande gluante qui matérialisent le mal et son extraction du corps, donc de l'âme.

L'effet placebo fonctionne ici comme dans

le grand service d'un hôpital parisien – il a été quantifié à trente pour cent de l'effet thérapeutique... Le chamane agit selon le même principe que l'homéopathie qui obtient des effets avec de simples granules de sucre ; il guérit autant que le psychanalyste freudien ou lacanien dont la panoplie médicale se résume à un fauteuil derrière un canapé.

La lune est extrêmement brillante ; sous l'équateur, dans l'hémisphère Sud, elle luit autrement ; ses croissants sont à l'envers ; la clarté des étoiles est sidérante : il semble qu'en tendant le bras, on parviendrait à en décrocher une ; les petites grenouilles grises et les gros crapauds pustuleux tissent leurs contrepoints dans la nuit tiède. Le sage parle. Nous écoutons. Il enfile les bières. Les canettes vides sont à ses pieds.

Il regrette l'ancien temps. Celui où les vieux étaient respectés et écoutés ; celui où la parole des anciens avait force de loi ; celui où les temps primitifs étaient restés intacts ; celui où les hommes et les bêtes, les astres et les plantes, les vivants et les morts n'étaient pas séparés ; celui où l'on savait chasser et pêcher, cueillir des fruits et des baies pour manger ce que la nature avait à donner ; celui des chamanes et des sorciers, des anciens et des sages, des guérisseurs et des *capitaines*.

C'était le temps où les hommes ne vivaient pas des seules allocations de la République ; c'était le temps où les Wayanas n'étaient pas condamnés à l'oisiveté toute la journée, tout le mois, toute l'année, toute la vie ; le temps où ils ne mangeaient pas le contenu de boîtes de conserve ; le temps où ils ne titubaient pas ivres morts dans le village après avoir bu plus que de raison ; le temps où ils ne tombaient pas de la pirogue dans l'eau pour s'y noyer après avoir passé leur journée à boire des litres de cachiri ; le temps où les enfants ne se pendaient pas en rentrant de l'école ; le temps où l'on apprenait autre chose aux enfants que le fait que la plus longue frontière de la France est de sept cent trente kilomètres et qu'elle se trouve entre la Guyane et le Brésil ; c'était le temps où l'on ne risquait pas de trouver dans le village une bibliothèque étique avec un ordinateur éteint et, sur la porte, cette pancarte politiquement correcte : *Point lecture...*

Ce regret de l'ancien temps est tempéré par un espoir. Reliquat du temps colonial, il y eut des *capitaines*, autrement dit des chefs de village – qu'il était alors facile de mettre dans sa poche avec un vêtement décalqué du costume militaire, des breloques, une casquette à visière et quelques probables avantages en bimbeloterie occidentale, alcool inclus... Ces capitaines ne sont plus.

Mais notre sage envisage de le devenir. Il sait des choses, il parle bien, il s'est mis à apprendre une langue en déshérence, il se met aussi au chant traditionnel, il mémorise des textes compliqués, il sculpte des ciels de case après avoir dessiné les animaux de la mythologie wayana : tortues, tamanoirs, serpents, grenouilles, poissons, chenilles urticantes et *molokot* – l'esprit des eaux. L'élection s'effectue par approbation. Il fait avancer l'idée...

Il est également fier que son fils ait manifesté le souci d'être initié à la grande cérémonie, le Maraké, qui permet de passer de l'enfance à l'âge adulte. La sagesse de ce peuple évite la bêtise du nôtre qui infantilise les adultes et adultise les enfants – les premiers, à trente ans, vivent encore chez leurs parents, se déplacent en trottinette, tétouillent des cigarettes électroniques, écoutent de la musique avec un casque, sont connectés en permanence, les seconds, avant l'âge de l'ancienne communion privée, regardent des films pornographiques, fument des pétards, jouent à des jeux sexuels d'étranglement, naviguent sur le Net jusqu'aux sites les plus dégradants...

Passer du monde de l'enfance à celui des adultes avec une cérémonie initiatique invite à ne pas rester dans cet âge créé par l'Occident, l'adolescence, qui commence de plus en plus tôt et se termine de plus en plus tard de sorte qu'on cherche en vain des adultes...

Ce rituel que partagent les Apalaïs et les Wayanas concerne les garçons et les filles : les premiers sont enfermés dans une vannerie en forme d'animal mythique, les secondes dans une vannerie carrée, les deux sont ornées de plumes d'oiseaux amazoniens. Au milieu du dispositif les anciens installent des fourmis ou des guêpes aux piqûres extrêmement douloureuses. Il s'agit pour l'impétrant de supporter ces souffrances sans broncher. La famille attend de cette progéniture qu'elle ne lui fasse pas honte. Quand l'enfant a subi l'épreuve avec bravoure, il est un homme, elle est une femme.

Dans sa bêtise, la France hexagonale, via son ministère de la Culture, a proposé d'inscrire le Maraké au patrimoine mondial immatériel de l'Unesco – comme le repas français ou les paysages de Champagne... Outre que l'inscription au patrimoine, tout comme la muséification dans la rubrique des arts premiers, est un enterrement ontologique de première classe et que l'État voudrait sauver d'une main ce qu'il tue depuis des années avec détermination de l'autre, il y a eu rivalité de sottise sur ce sujet car le désir d'inscription était pitoyable, tout autant que le refus d'inscription, sous prétexte que l'Unesco ne pouvait classer une pratique barbare selon les critères des blessures volontaires infligées avec intention de la donner. L'État français n'a rien compris, pas plus que les fonctionnaires internationaux de l'Unesco.

Notre sage se moque bien de l'inscription, ou non, de ce rite ancestral à l'Unesco ; et il ne se soucie pas davantage de ce qu'en pensent les muscadins de la rue de Valois – affidés de la trottinette et du vapotage... Il a été initié, lui, à deux reprises ; une fois avec les guêpes, une autre avec les fourmis. Et il est heureux que son fils souhaite lui aussi le rite de passage.

Les grenouilles étaient toujours là, assises dans l'herbe ; la lune était toujours là, posée dans le cosmos ; le Maroni coulait toujours là, tel le fleuve d'Héraclite ; nos silences faisaient du bruit, sa parole était un long silence ; il portait la mémoire de son père chamane, mais aussi l'espoir de son fils bientôt initié. Son sourire était celui d'un bouddha de la forêt amazonienne.

La nuit tombante, nous nous sommes baignés dans le fleuve tiède. Il y avait, m'a-t-on dit, sans rire, des piranhas et des anacondas, des anguilles et des poissons carnivores – mais nous n'avions rien à craindre disaient le géographe et le photographe qui se sont dévêtus avant de plonger dans l'eau du fleuve. Les piranhas n'attaquent qu'en cas de plaie sanguinolente ; et les anacondas fuient les humains. Avais-je une plaie ouverte ? Non... eh bien, alors...

Ce fleuve est un poème postmoderne : en amont, les orpailleurs polluent abondamment avec le mercure qu'ils utilisent pour extraire l'or du sable ; les piroguiers laissent des traces de benzène derrière eux ; le matin, les habitants du village vont s'y laver ; ils se shampouinent vivement et se rincent dans l'eau ; ils s'y brossent les dents ; ils y lavent aussi leur linge ; c'est également, nous a-t-on prévenus dès l'arrivée, le lieu des besoins solides et liquides ; on y voit des enfants jouer dans l'eau et boire la tasse, crier et sortir nus de l'onde ; des femmes aux seins nus sont assises sur les rochers, jambes écartées, elles ouvrent le ventre des poissons que l'on mange : un piranha, en effet, qui ressemble à une dorade à mandibule, des poissons primitifs, bardés de grosses écailles comme un blindé moderne ; elles secouent la bête fendue dans l'eau pour y laisser ses boyaux retrouver l'estomac de l'un de ses congénères ; les enfants les mangent avec du riz lors de leur repas du matin à l'école.

Je me suis baigné dans ce fleuve sale pour m'y

laver des miasmes de la civilisation occidentale. J'en suis ressorti l'âme propre. L'eau était chaude. Nous étions à plat ventre sur un rocher quand la nuit est tombée, silencieuse, et que les bruits de la forêt à quelques mètres de là sont devenus autres. Derrick nous parlait. Comment dit-on *guêpe* dans sa langue ? Celui qui veut être commandant de bord nageait sous l'eau comme un poisson, il en ressortait luisant, cuivré, comme un fils de divinité païenne. Peut-être lui aussi aurait-il droit un jour aux guêpes et aux fourmis.

À quelques jours de marche de ce petit village où j'ai dormi à la belle étoile dans un hamac, il existe des tribus qui autorisent leurs enfants à les quitter, mais qui ne permettent pas qu'ils reviennent. Gageons que ceux qui partent vers la civilisation y achètent souvent la corde pour se pendre alors que ceux qui restent chez les leurs, qu'on dit primitifs comme est primitif le premier matin du monde, commercent avec les esprits qui les invitent à parler à la lune et aux grenouilles, aux poissons et aux tatous et ne s'en trouvent pas plus mal.

Quand j'ai repris la route en pirogue vers Maripasoula, j'ai laissé Miquel sur le bord du fleuve où, la veille, nous avions nagé entre chien et loup ; j'ai laissé ce petit garçon qui rêve de piloter un avion ; j'ai laissé ce sage qui n'a pas voulu être chamane, mais se réjouit que son fils demande aux guêpes et aux fourmis un signe pour devenir adulte ; j'ai laissé Kindy, la mère de Derrick, qui sait qu'elle boit trop mais ne peut s'en empêcher ; j'ai laissé le tatou qui a échappé à la balle du grand-père de Derrick ; j'ai laissé le hamac vide où mon âme est restée.

Si j'avais encore des larmes pour pleurer, je crois que j'aurais pleuré. Le village est devenu invisible dès le premier coude du fleuve. J'avais nagé avec les piranhas, je savais que pendant deux heures ils m'accompagneraient sous la pirogue jusqu'à ce qu'ils retournent au village où ils raconteraient au petit garçon deux ou trois choses qu'il fallait lui redire. Jusqu'à quand entendra-t-il encore ce langage-là ? Pour ma part, je l'avais entendu.

Les guêpes et les tatous, les fourmis et les paresseux, les perroquets et les piranhas, les ana-condas et les grenouilles, les poissons volants et les crapauds, la lune inversée et la Voie lactée à portée de main, le fleuve et les papillons, les libellules et les singes hurleurs, les fleurs jaunes de l'ébène et le sol de la jungle parfument mes rêves ; ils éloignent mes cauchemars.

II

PHILAMINTE & BÉLISE
SONT EN PIROGUE...

SUR UN RAPPORT PARLEMENTAIRE

Les enfants de Guyane se suicident entre dix et vingt fois plus qu'en métropole. L'État français a missionné deux parlementaires pour pondre un rapport intitulé *Suicide des jeunes Amérindiens en Guyane française. Trente-sept propositions pour enrayer ces drames et créer les conditions d'un mieux-être* (novembre 2015) – on appréciera la concession faite au politiquement correct du *mieux-être*... La sénatrice écologiste de Seine-Saint-Denis Aline Archimbaud et la députée socialiste d'Ille-et-Vilaine Marie-Anne Chapdelaine ont accouché de cette indigeste prose qui aurait probablement donné à Molière l'idée d'une suite à ses *Femmes savantes*.

Constatant que ces suicides sont en rapport avec la schizophrénie qui travaille ces peuples, Philaminte & Bélise concluent qu'il faut nourrir l'animal qui dévore les enfants. Puisque ce qui produit les suicides s'enracine dans le double monde contradictoire de la tradition et de la modernité, favorisons donc la tradition en même temps que la modernité ! Que les hommes chérissent les causes dont ils déplorent les effets est une vieille idée qui reprend du poil de la bête en nos temps nihilistes, le rapport des deux dames illustre ce travers de notre époque.

La communauté amazonienne est aujourd'hui forte de dix mille personnes. Ces peuples vivent en Amazonie, à sept mille kilomètres de Paris, depuis l'époque de Périclès. Ils sont répartis sur les huit millions de kilomètres carrés de la forêt. La France a imposé sa loi jacobine à des peuples qui vivent aux antipodes de la civilisation occidentale. Aujourd'hui encore, cette France ne répond au malaise guyanais qu'avec une solution parisienne, jacobine, centralisée, autrement dit administrative et bureaucratique.

Ainsi, les dames sachantes déplorent que les « populations de la forêt et des fleuves, en Guyane française, sont quasiment les dernières en France à être privées la plupart du temps d'eau potable, d'électricité, d'accès au téléphone et à l'Internet ». De la même manière que, jadis, chez Lénine, le bonheur des peuples européens passait par le soviet + l'électricité, celui des Amazoniens passe désormais par la préfecture + Internet...

Car, il suffirait de lutter résolument contre les orpailleurs qui polluent gravement le fleuve et intoxiquent ceux qui s'y baignent tous les jours pour obtenir la source d'eau potable naturellement disponible. Que l'idée n'en soit pas venue à l'élue écologiste ne m'étonne pas ! Il suffit de monter ou descendre le fleuve en pirogue ou de regarder par la fenêtre de l'avion qui conduit au cœur de la forêt pour savoir où sont les chercheurs d'or qui ravagent l'eau, la faune et la flore avec leur mercure déversé en quantité pour mener à bien leurs forfaits. Puis de les en empêcher. La police et la gendarmerie françaises du gouvernement qui se goberge de la COP 21 disposent là d'une possibilité concrète d'agir pour la planète en même temps que pour ces peuples.

La socialiste de l'Assemblée nationale et l'écologiste du Sénat proposent de «réduire (*sic*) la contamination mercurielle» par une diversification de l'alimentation, notamment en augmentant la part des produits industriels pour faire baisser celle des produits contaminés du fleuve. On aura bien lu : *réduire* la contamination. Non pas la supprimer par la lutte contre les pollueurs que l'on connaît, mais la *réduire*. On sait que le mercure rend gravement malade, tue, génère des troubles de la cognition, des altérations du champ visuel, des confusions de la coordination. Ce même mercure, parce qu'il produit des malformations congénitales (des enfants sans anus, hydro-céphales, sans conduit auditif, avec des organes inachevés...), provoque un nombre important d'infanticides. Et, quand on se dit socialiste ou écologiste, il faudrait se contenter de *réduire* la pollution au mercure ? Afin de *réduire* les mala-dies, de *réduire* les morts, de *réduire* le nombre de naissances monstrueuses, de *réduire* les infanti-cides, pas plus ?

J'ai vu, de mes yeux vu, ces orpailleurs sur le fleuve et dans la forêt, on ne me fera pas croire que la gendarmerie nationale ne sait pas où ils commettent leurs crimes ! Il est vrai que le trafic d'or enrichit nombre de personnes, y compris des élus haut de gamme dont on serait bien étonné de découvrir les noms si j'en crois les confidences qui m'ont été faites sur ce sujet... Car, quand la douane fait son travail, il arrive parfois que l'État lui demande d'y mettre moins de zèle.

Sur le bord du fleuve, il existe un régiment d'infanterie de marine, le 9e RIMa, qui pourrait contribuer à l'écologie en même temps qu'au salut de ces peuples qui vivent dans le fleuve, qui vivent du fleuve et qui en meurent aussi. Les « marsouins », mon corps d'armée quand je fus un temps soldat au service militaire, disposeraient là d'un véritable champ d'opération qui les dispenserait de manœuvres pour de rire comme j'en fus l'otage en mon temps au RIMa d'Auvours dans la Sarthe.

Après l'eau potable, l'électricité. Elle existe : non pas avec des câbles apportés de Cayenne, mais avec des groupes électrogènes nourris à l'essence qui coûte horriblement cher, qui pollue par sa combustion, mais aussi de manière sonore : il faut attendre l'extinction de la dernière télévision, donc du dernier groupe électrogène, pour jouir enfin des bruits magiques de la forêt. Comme ce peuple vit de subventions d'État, donc de charité et non de justice, il regarde *On n'est pas couché* sur son écran de télévision. La musique nocturne de la forêt amazonienne ne prend ses droits que très tard dans la nuit.

Et puis : l'électricité pour quoi faire ? Pour une cafetière ou une bouilloire ? Pour un grille-pain ou un toasteur ? Pour un micro-ondes ou un four à pyrolyse ? Pour une télévision, donc, ou la batterie d'un téléphone portable ? Pour un aspirateur ou un rasoir ? Pour une brosse à dents ou la centrale vapeur d'un fer à repasser ? Pour une radio ou un réveil ? Pour une machine à laver ou pour un sèche-linge ? Pour un sèche-cheveux ou un batteur électrique ? Pour une perceuse ou une tondeuse à gazon ? Pour un radiateur électrique ou un ventilateur ? Pour un frigidaire ou une lampe de chevet ? Pour une voiture ou une console de jeux ? Pour une couverture ou une machine à faire des glaçons ? En pleine forêt amazonienne ?

« Ah, Gudule ! » comme chantait le regretté Boris Vian dans *La complainte du progrès* en 1956 ! Il y moquait déjà l'époque qui croyait que le bonheur était dans la possession des choses et la jouissance des objets : l'atomixer et le joli scooter, la tourniquette à vinaigrette et l'aérateur à bouffer les odeurs, le pistolet à gaufres et les draps qui chauffent, une armoire à cuillers et un avion pour deux, un cire-godasses et un repasse-limaces, un tabouret à glace et un ratatine-ordures, un coupe-friture et un efface-poussière, un chauffe-savates et un canon à patates, un éventre-tomates et un écorche-poulet.

On se souvient également avec nostalgie, en estimant aujourd'hui qu'il avait raison avant tout le monde, et probablement Philaminte & Bélise le croient aussi, de *La montagne* de Jean Ferrat : « Ils quittent un à un le pays / pour s'en aller gagner leur vie / loin de la terre où ils sont nés », etc. C'est la même histoire et, comme toujours, ceux qui prétendent avoir compris n'ont rien compris : ils donnent raison au chanteur pour ce qu'il dit, mais ils font aussi ce que le chanteur invite à ne pas faire – chercher son bonheur dans la possession des choses ou quitter son pays.

En Amazonie, le problème de l'électricité est facile à résoudre : le solaire peut répondre simplement et facilement à tous les besoins en watts. Mais : *pour quoi faire* ? Sûrement pas pour brancher un radiateur mais pour recharger la batterie de son portable, probablement pas dans le but de remettre du jus dans leur voiture électrique mais pour accéder à Internet, en aucun cas pour donner de l'énergie à leur tondeuse à gazon mais pour regarder la télévision.

Le téléphone ? Internet ? La télévision ? Après le régime colonial et les missions évangéliques, ce sont justement les poisons qui intoxiquent ces peuples qu'on dit *premiers* par componction politiquement correcte, mais qui s'avèrent finalement les peuples *derniers,* ceux qui ne sont déjà plus et qui, pour ne pas devenir complètement des clones de l'Occident, demandent à l'alcool ou au haschich, à la cocaïne et à la bière, à la violence et aux viols, de faire le travail suicidaire pour eux.

Philaminte & Bélise demandent donc à TF1 et à France Télévisons, à Bouygues et à SFR, à Areva et à ERDF d'apporter des solutions alors que ces pieuvres sont une grande partie du problème !

Car, que peut-il rester des traditions et des coutumes amazoniennes, du savoir des chasseurs, de la connaissance des cueilleurs, du savoir-faire des pêcheurs, de la sagesse des chamanes, de la science des guérisseurs, de l'art des peintres de ciels de case, de l'artisanat des tisserands, quand on se trouve perfusé à Cyril Hanouna ou à Patrick Sébastien ? Quand les dialogues d'*Alerte à Malibu* ou d'*Inspecteur Derrick* saturent les écrans et hurlent dans les cases auprès desquelles on passe ? Que reste-t-il de la chefferie traditionnelle et du conseil des anciens quand la télévision inocule aux villageois en pagne la toxine des débats télévisés entre Sarkozy et Hollande ?

Par dizaines, donc, des enfants se pendent, des enfants se noient, des enfants s'asphyxient, des enfants s'ouvrent les veines, des enfants avalent de l'herbicide, des enfants se tirent une balle dans la tête. Ils n'en peuvent plus de vivre deux vies, autrement dit, de n'en vivre aucune : l'État français leur apprend les pyramides et l'agora, Jésus et Voltaire, les Lumières et 1789, la révolution industrielle et le national-socialisme ; s'il n'a pas succombé à l'alcoolisme, leur grand-père leur raconte comment trouver la liane dans la forêt, de quelle manière elle saigne comme un ruisseau quand on la taille, puis ce qu'elle soigne, il explique en baissant la voix la façon dont l'esprit des ancêtres morts vient parler aux vivants la nuit, il rapporte le souvenir qu'il a d'une guérison par la parole du chamane quand les médecins de l'hôpital ne pouvaient rien pour lui.

Qui croire ? Que suivre ? Que penser ? Où est le vrai ? Sous l'arbre à palabres des ancêtres ou dans les monuments d'Égypte ? Dans les salons parisiens des philosophes du XVIIIe siècle ou à l'intérieur de la grande case de paille du conseil des anciens, juste en dessous du ciel peint par un artiste qui est aussi artisan et magicien ? Accroché aux volutes de la fumée soufflée par le guérisseur dans les cheveux du malade ou dans la perfusion posée par une infirmière en blouse blanche ?

L'étymologie de *schizophrénie* témoigne : le *schize* est une coupure au creux même de l'être dans laquelle sombrent ceux dont les bords se sont trop éloignés, c'est une faille dans laquelle tombent ceux qui ne savent plus où donner de l'âme, du corps, de la tête, de l'intelligence. Un pied dans le temple de Louxor, un autre dans la Bastille, et le corps écartelé se déchire en deux, l'âme s'envole, la vie meurt, aussi brève que celle de l'éphémère le soir de sa première journée.

Que proposent les femmes savantes ? Non pas

de renoncer à l'État jacobin et à sa mythologie qui n'ont aucun sens sous le ciel amazonien ; ni non plus d'enseigner autre chose ou autrement. Pas question, sous le drapeau républicain jacobin qui flotte mollement au vent chaud de Guyane, de s'adresser à des élèves concrets. À Paris, capitale mondaine et arbitre des élégances, la règle le dit : à Montcuq comme à Taluhen, on compose avec des élèves tels qu'ils doivent être et non tels qu'ils sont. Rue de Valois, si on les connaît encore, et ça n'est pas toujours certain, on préfère Corneille à Racine. Peu importe qu'on leur inculque des choses inutiles et qu'on ne leur transmette pratiquement jamais les savoirs utiles – ce qui les désoriente tous et en tue certains.

La tête des enfants que j'ai vus rentrer, en rang, avec leur pagne rouge, dans l'école de la République, est pleine d'un vent mauvais. Ce vide fait place nette aux productions de l'électricité : le téléphone portable pour envoyer des SMS à son copain qui habite un peu plus haut dans le village, Internet pour rédiger un devoir sur Bonaparte à rendre la semaine suivante, la télévision pour apprendre que le manteau neigeux, comme il faut dire maintenant que la neige ne suffit plus, recouvre le massif alpin.

Cette tête des enfants que j'ai vus sortir de l'école de la République en piaillant, comme partout ailleurs, tels des oiseaux, pourrait être remplie par des savoirs utiles à leur monde : on aurait pu, au lieu de les bassiner avec Horus et Isis, Zeus et Héra, Jupiter et Mars, leur raconter la mythologie de leur peuple, les faits et gestes de Kuyuli et Mopo ; on aurait également pu, au lieu de César et Napoléon, leur enseigner le détail des guerres de Kailawa et Sikëpuli ; on aurait aussi pu, en lieu et place d'un cours sur le bon usage du pot catalytique à Paris, leur expliquer pourquoi et comment les orpailleurs transforment en poison hautement toxique le fleuve dans lequel ils se baignent, se lavent, s'amusent, se nettoient, se brossent les dents chaque matin.

Pourquoi farcir la tête de ces enfants avec des choses inutiles ? Et, surtout, pour quelles étranges et perverses raisons les leur remplir avec ces vacuités, si ce n'est parce que le jaco-binisme ne respecte rien d'autre que ce que Paris a décidé d'enseigner à partir de son village auto-cratique.

Je n'ai jamais défendu l'apprentissage des lan-gues régionales en France parce que la Révolu-tion française jacobine avait, hélas, déjà fait son travail niveleur sur ce sujet comme sur d'autres. Maintenir une langue vivante prend tout son sens, mais pas faire du bouche-à-bouche à une langue morte – si je puis m'exprimer ainsi... Décider en folkloriste qu'avec les parlers bretons on ferait de manière jacobine une seule langue bretonne ou qu'avec les différents dialectes corses on déciderait de façon centralisée d'une seule langue corse, comme ce fut le cas, montre tout l'artifice de la démarche. On ne saurait être girondin quand on obéit à l'invite jacobine de l'être.

Mais les langues des peuples amazoniens restent vivantes. Dès lors, il faut les sauver en les pratiquant. Les récits mythologiques, les poèmes cadencés qui racontent les généalogies, les chansons rythmées qui portent la parole indigène depuis la nuit des temps dans laquelle elles s'enracinent, voilà le trésor vivant à sauver par la pratique.

J'aime le concept de Divers cher au cœur du Segalen qui en examine les potentialités dans son *Essai sur l'exotisme*. Or, la république dans sa forme jacobine hait le Divers et ne voue un culte qu'à l'Un, ce qui suppose la destruction de toute diversité. Quel sens peut bien avoir, à deux pas du fleuve Maroni, le fait d'enseigner l'histoire d'un peuple étranger au sien et avec lequel les interactions n'ont été que négatives pour les autochtones depuis que le premier Blanc a posé son pied sur le sol amazonien ? De la syphilis des conquistadors au téléphone portable des capitalistes occidentaux en passant par le catéchisme des missionnaires chrétiens, les habitants de la forêt n'ont eu qu'à se plaindre des contacts avec les Blancs.

Les enseignants qui officient dans les villages sont la plupart du temps là par défaut. Le rapport lui-même signale qu'ils sont non titulaires et que leur statut est précaire. Ils partent souvent en fin d'année et ont du mal à se faire remplacer à la rentrée suivante, bien que l'État français leur octroie des vacances plus longues. Car il faut vivre sur place et partager les conditions de vie spartiates des habitants. Pour quiconque est habitué à un mode de vie occidental avec ses bars et ses restaurants, ses magasins et ses boutiques, ses cinémas et ses théâtres, ses librairies et ses bibliothèques, ses sorties et ses dîners, ses voyages faciles et sa connectique postmoderne, le village quasi contemporain d'Astérix, télévision en sus, s'avère un genre de punition digne de l'Enfer de Dante.

L'Éducation nationale est pourtant le premier employeur de la Guyane : avant l'armada d'ingénieurs et de techniciens haut de gamme de Kourou, mais aussi avant les contingents militaires appelés pour transformer la ville des lancements de satellites en forteresse inaccessible aux trublions et aux terroristes. Eh bien, nonobstant ce gigantisme, le rectorat n'a pas trouvé le moyen d'acheter une pirogue qui lui permettrait de faire voyager ses fonctionnaires pour aller dans les villages.

Ce même rectorat dispose d'une enveloppe de 50 000 euros par an pour organiser des «Missions Fleuve» qui sont l'occasion de voir sur place où en sont les infrastructures, à quoi ressemble l'apprentissage dans les établissements et comment vont les enseignants. Mais, sans pirogue qui lui appartienne, il faut en louer pour effectuer des trajets qui, selon les cas, prennent de quatre heures à une journée pour un aller.

Nos femmes savantes constatent que le rectorat n'a pas les moyens d'offrir une collation aux enfants qui partent le ventre vide à l'école et passent des heures dans les pirogues pour aller en cours loin de chez eux. Contrairement à ce qui se passe en métropole, il existe dans les départements d'outre-mer une «Prestation d'accès à la restauration scolaire» («PARS», bien sûr) qui contribue aux frais de restauration des élèves, du primaire au lycée.

Ce même État issu de Robespierre, puisqu'il peut tout quand il le veut, pourrait très bien prélever des fonds en mettant à contribution ceux qui, à Kourou, travaillent aux programmes satellitaires, donc sécuritaires et militaires, de la planète entière. N'y aurait-il pas là un genre de *gentleman agreement* qui permettrait aux fortunes ainsi constituées de participer à l'achat de pâtes et de riz, de pommes de terre et de pain pour les enfants d'Amazonie à qui l'on apprend que leurs ancêtres étaient Vercingétorix, ou bien, depuis peu, Saladin ?

Le rapport signale l'activité d'un enseignant du primaire qui a pris seul l'initiative d'agir là où l'administration fait défaut. Pour son école sise aux Trois Palétuviers, il cherche et obtient des dons pour ses projets et a pu emmener ses élèves à la rencontre de peuples en péril – par exemple, les cavaliers de la steppe en Mongolie et les aborigènes d'Australie. « Cet enseignant » comme il est dit dans le rapport sans jamais citer son nom – il s'agit en fait de Daniel Baur, joueur d'échecs émérite – associe les parents à ses activités. Ce laboratoire me paraît être une école prototypique qui devrait servir de modèle à l'ensemble du territoire guyanais.

Au lieu de cela, les dames patronnesses du socialisme et de l'écologie écrivent : « Certes, ce type d'action repose souvent sur la seule volonté d'un individu ou d'un très petit groupe, ce qui peut la rendre fragile et peu pérenne. Mais, sous réserve de veiller à ce qu'aucun paternalisme ne survienne dans les modalités et en se gardant du syndrome (*sic*) de ceux qui croient porter la voix des Amérindiens à leur place, la mission suggère d'examiner sous quelles conditions cette expérience très locale pourrait être transposée dans d'autres sites amérindiens. »

Philaminte & Bélise se montrent beaucoup plus tendres et douces avec les orpailleurs qui intoxiquent les enfants et détruisent la faune et la flore du fleuve (elles ne leur font en effet jamais aucun procès, même pas d'intention...) qu'avec cet enseignant dont elles n'aiment pas beaucoup qu'il *agisse seul* (quel dictateur !), et dont elles supposent qu'il se comporte en *paternaliste* (quelle horreur !) pathologiquement affecté par un *syndrome* (quel malade !) qui consiste à *parler en lieu et place* des Amérindiens (quel prétentieux !). Traduit en langage honnête, hors hypocrisie politicienne donc, les dames disent qu'il faut se méfier de cet homme qui agit pour les enfants amazoniens, car il se profile dans son engagement solitaire et bénévole une amorce de dictature antirépublicaine. De toute façon ces lignes finiront à la poubelle en même temps que le rapport, mais la perfidie des élus contre le travail des gens de terrain s'avère inqualifiable...

✧

Entre le canon à patates et le ratatine-ordures, juste à côté de l'atomixer, en dessous du repasse-limaces, Philaminte & Bélise ont trouvé la solution. Évidemment, c'est une trouvaille jacobine. Comment pourrait-il en être autrement au pays de Robespierre et de Marat, de Monsieur Homais et de Jacques Lacan ? La montagne accouche d'une plus grosse montagne encore – tour de prestidigitation républicain, on s'en doute.

Une fois sorties de la pirogue qui les ramenait à l'Élysée, nos deux femmes savantes ont en effet proposé ceci : renforcer la « Cellule régionale pour le mieux-être des populations de l'intérieur ». Promis, juré, craché, je ne suis pas allé chercher la chose chez Courteline, elle existe ! Dans ce rapport elle est aussi nommée « CeRMePi ». « Serre mes pis », dirait Lacan... Cette cellule dispose d'un bureau à la préfecture et d'un fonctionnaire à mi-temps. Gageons que si elle avait un bâtiment plein de ronds-de-cuir, elle n'en serait pas plus efficace.

PhiBé, comme je pourrais dire moi aussi pour montrer que je peux créer des acronymes et me faire bien voir de l'administration, souhaite(nt) également augmenter la visibilité du « Conseil consultatif des populations amérindiennes et bushinengues» – «CCPAB» dans le texte. Pour ce faire, ce comité Théodule pourrait changer de nom et devenir le «Grand Conseil coutumier de Guyane», «GCCG» bien sûr. On imagine en effet combien le changement d'acronyme induirait de facto un changement de la politique qu'il mène déjà sans succès !

Les dames croient aussi qu'il faut multiplier les «cellules d'urgences médico-psychologiques». En Europe, donc en France aussi, donc en Guyane bien sûr, nous avons il est vrai un chamanisme officiel, né à Vienne à la fin du xixe siècle, qui se présente en blouse blanche et récite les mantras de Sigmund Freud avec gravité. Le psy est en effet le guérisseur occidental dont les gris-gris sont aussi efficaces qu'une procession catholique pour faire tomber la pluie. Donnons-leur plus de pouvoir encore même si cette engeance dispose de toutes les immunités, celle de l'université et des médias, celle de la vulgate et des grandes écoles : si aucun suicide n'a lieu, c'est grâce au psy ; s'il y en a un, c'est à cause du suicidaire qui n'a pas consulté le psy assez tôt ou assez longtemps.

Bienveillant, l'État français, qui a lu Georges Devereux et Tobie Nathan, sollicitera aussi des ethnopsychiatres qui ont pour caractéristique d'avoir également lu Lacan, certes, mais encore Lévi-Strauss, sans oublier Barthes, une triplette jadis célèbre en France, et encore un peu à Paris, qui garantit d'une efficacité décuplée en climat guyanais. Ces nouveaux prêtres officieront dans des « Antennes du centre médico-psychologique » (« ACMP » ?) multipliées pour l'occasion. On y installera de quoi réaliser des visioconférences !

Pour lutter contre lesdits suicides, il s'agira également d'activer le « Comité français d'éducation pour la santé » et la « Mission interministérielle de lutte contre les drogues et les conduites addictives » (« MILDECA »). Ajoutons à cela la mise en place d'un « Observatoire régional du suicide » qui travaillera à l'élaboration d'un « Algorithme de prévention du suicide en outre-mer » (« APSOM » pour les intimes) ! Face au viol des mineures par leurs parents ravagés au cachiri, l'algorithme : observatoire + électricité + Internet + téléphone portable + visioconférence = la meilleure réponse.

Après la beauté de la bureaucratie, la divinité de l'administration et le génie de la psychiatrisation, on peut aussi en appeler à la magnificence de la folklorisation : le « Fonds d'aide pour des projets d'économie intégrée » (je me demande à quoi peut bien ressembler une économie non intégrée !), dont je suppute qu'il doit quelque part s'appeler le « FAPEI », aura à cœur de « favoriser l'apprentissage traditionnel », autrement dit l'art de produire à la queue leu leu de mauvais objets dépourvus d'âme parce que dissociés de ce qui, jadis, faisait leur sens rituel.

L'une des solutions envisagées par l'écologiste et la socialiste consiste également à développer l'écotourisme, autrement dit, à faire venir en masse des bobos européens qui soutiendront l'artisanat traditionnel en achetant des souvenirs écotouristiques – petites pirogues en feuilles séchées à poser sur la télévision, pagne à porter chez soi en sortie-de-bain, ciel de case à fixer à son plafond de salle à manger, piranha lyophilisé transformé en lampe de chevet. Ainsi, pour lutter contre l'emprise et l'empire d'une civilisation inadéquate pour l'être et le devenir de ces peuples il leur faut... multiplier les « points de métissage » avec ce qui les dissout comme un acide. Disons donc que, pour lutter contre le suicide des jeunes, le rapport conclut qu'il faut leur donner des raisons supplémentaires de se suicider. Ce serait à en rire si l'on ne devait en pleurer...

Que faire ? comme disait l'autre... Rester cramponné au modèle jacobin et centralisateur, étatiste et robespierriste, nationaliste et parisien n'a jamais produit que des catastrophes. Lors de la guerre que l'on sait, Camus a pensé l'Algérie en

dehors de ces schémas ; il a été sali, conspué, vili-
pendé par tout ce que Paris comportait d'intel-
lectuels et de journalistes, de philosophes et de
politiciens. Depuis 1789, et surtout depuis 1793,
le logiciel de la république montagnarde produit
de terribles effets de rouleau compresseur. Tout
ce qui ne va pas dans son sens se trouve broyé,
écrasé, pulvérisé, détruit, réduit en poudre.

Paris est une tête qui veut contrôler un corps
outre-mer, mais l'énergie ne circule plus de l'Élysée à la forêt amazonienne. Pas plus d'ailleurs
qu'elle ne circule de la capitale aux provinces. Il
faut une république girondine, en Guyane comme
ailleurs, autrement dit, une autre façon de penser
la république, avec une autonomie des régions.

La *chose publique* qui définit la république
ne suppose pas qu'une seule chose devienne
publique, mais que toutes les choses publiques qui
le sont le soient et le demeurent. Ce qui veut dire
que cette république girondine, si d'aventure elle
devait exister, ne vivrait pas de détruire le Divers,
mais de l'entretenir ; elle s'honorerait de le pré-
server avec ses paysages et ses peuples, ses lan-
gues vivantes et ses traditions vives, ses habitudes
alimentaires et ses us et coutumes.

Dans le cas de la Guyane dite française, si la
république voulait sauver sa peau et s'inven-
ter une nouvelle forme, celle qui fut ébauchée

73

en 1789 et décapitée par les robespierristes qui envoyèrent les girondins à la guillotine en 1792, elle pourrait rendre le pouvoir qu'elle a confisqué à ceux sur lesquels il s'exerce.

Le fameux rapport contient en effet de quoi penser cette révolution girondine : il signale que les peuples d'Amazonie ne comprennent rien à notre droit bourgeois issu de la Révolution française. Le pouvoir féodal de l'aristocratie a de fait été remplacé par le pouvoir capitaliste de la bourgeoisie. C'est le triomphe de Robespierre. Mais dans la forêt amazonienne, le bruit de la guillotine est inconnu. Et les chefs coutumiers n'entendent rien à la propriété. Comme je les envie ! Les lois foncières qui séparent la propriété privée et la propriété des collectivités ne correspondent à rien dans leur esprit. Qui pourrait avoir l'insolence ou la bêtise, l'impudence ou la vanité de se dire propriétaire de la forêt, se demande un Amazonien ? Eh bien : l'État français, lui, le peut. Il répond : « Moi et avec moi quelques propriétaires terriens. »

L'État a donc créé des « Zones d'usage collectif », je vous le donne en mille : des « ZDUC » ! Il s'agit d'espaces consentis par l'État sur le mode de la cession ou de la concession « au profit des communautés d'habitants tirant traditionnellement leurs moyens de subsistance de la forêt ».

8 % du territoire guyanais relèvent de ce régime de confettis.

Mais, dans sa sagesse libertaire ancestrale, sans jamais avoir lu Proudhon qui théorise la chose, le peuple amazonien ignore la *propriété bourgeoise* et ne reconnaît que la *possession communaliste* qui suppose l'usage pour la nécessité : ce que la forêt produit appartient à celui qui obtient d'elle, après sollicitations rituelles, qu'elle lui offre un tatou à manger en ragoût avec sa tribu, un ara à plumer pour créer une coiffure, un jus de liane qui raréfie l'oxygène de la rivière pour prélever les poissons asphyxiés à manger, des feuilles avec lesquelles obtenir décoction ou fumigation, onguent ou poudre pour soigner un membre de la tribu malade.

Au lieu de consentir à l'usage colonial consistant à appeler *capitaine* le pauvre chef de tribu soumis à l'ordre colonial qui, dans les années 1930, mais encore aujourd'hui, a transformé la chefferie traditionnelle et coutumière en auxiliaire du pouvoir blanc, il faut envisager d'en finir avec cette mascarade. À l'époque, les autorités coloniales offraient un uniforme militaire avec les trois barrettes du capitaine au chef de la tribu. On imagine que ce costume militaire va au chef amazonien comme le pagne au général Bigeard. De nos jours, pour prix de cette comédie, de cette palinodie, le chef coutumier touche 350 euros par mois de l'État français.

✧

Des comités, des observatoires, des algorithmes, des conseils, des cellules, des missions, des grands conseils, le tout pour réfléchir aux conditions de possibilité du « mieux-être », comme il est dit dans le sabir de l'administration et de la bureaucratie avec force acronymes : voilà qui va en effet ralentir, réduire, stopper et éradiquer les suicides en terre de Guyane !

Des populations sont intoxiquées par le mercure libéré dans le fleuve ? On ne met rien en place contre les orpailleurs, mais on réduit la nourriture issue de l'eau contaminée. Des enfants déroutés mettent fin à leurs jours ? On décrète l'urgence de les munir de téléphones portables et de les doter d'ordinateurs connectés à Internet. Des adolescents veulent se tirer une balle dans la tête ? On met à leur disposition un numéro de téléphone qui leur permet d'appeler un ethnopsychiatre ayant fait sa thèse avec Tobie Nathan ; cette jeunesse perdue peut aussi contacter aux heures de bureau une personne à mi-temps dans un réduit de la préfecture. Des parents n'en peuvent plus, boivent comme des trous, frappent leurs enfants, violent leurs petites filles ? Qu'on leur apporte l'électricité qui leur permettra de s'abrutir devant la télévision jusqu'à des heures avancées de la nuit.

Ces peuples, à qui l'on a supprimé toute dignité jusqu'à appeler *capitaine* un chef coutumier flottant dans l'uniforme de l'armée française et payé trois francs six sous pour prix de son humiliation, n'ont plus de travail ? Qu'ils fabriquent des objets qui ne veulent plus rien dire afin de les vendre à des écotouristes ! Qu'ils reçoivent des voyageurs fortunés pour les conduire dans la forêt regarder et photographier les papillons avec leurs portables.

Revenons pour finir sur cette petite histoire qui en dit long sur la déconnexion et l'aveuglement de l'État centralisé : le fleuve a ses caprices, bas l'été, haut en saison de pluie ; il faut le connaître pour le pratiquer et naviguer en pirogue ; il faut avoir été initié par un ancien qui n'ignore rien de la vie du cours d'eau pour avoir vécu avec lui pendant des années avant de se lancer dans les méandres du courant.

Des technocrates ont estimé un jour qu'il fallait régler la question de la difficulté de la navigation à l'explosif, en *dérochant*, autrement dit en enlevant les roches qui, selon eux, posaient problème. Ils ont déroché. Le fleuve s'est mis à couler n'importe comment; la folie des hommes a généré la folie du fleuve sur la partie dérochée.

Leçon de cet apologue : les technocrates prétendent en apprendre aux habitants de la forêt, et, ce faisant, ils les tuent; si d'aventure ces mêmes technocrates prenaient des leçons de ces mêmes gens, ils feraient acte de sagesse, donc ils jetteraient leur gourme bureaucratique à l'eau. Mais la sagesse n'est pas de ce monde, car Philaminte & Bélise y font la loi...

Œuvres de Michel Onfray (suite)

LE CHRISTIANISME HÉDONISTE, Grasset, 2006

LA PUISSANCE D'EXISTER. MANIFESTE HÉDONISTE, Grasset, 2006

LES SAGESSES ANTIQUES, Grasset, 2006

LA SAGESSE TRAGIQUE. DU BON USAGE DE NIETZSCHE, LGF, 2006

SUITE À LA COMMUNAUTÉ PHILOSOPHIQUE. UNE MACHINE À PORTER LA VOIX, Galilée, 2006

TRACES DE FEUX FURIEUX, Galilée, 2006

FIXER DES VERTIGES : LES PHOTOGRAPHIES DE WILLY RONIS, Galilée, 2007

LES LIBERTINS BAROQUES, Grasset, 2007

LA LUEUR DES ORAGES DÉSIRÉS, Grasset, 2007

LA PENSÉE DE MIDI. ARCHÉOLOGIE D'UNE GAUCHE LIBER-TAIRE, Galilée, 2007

THÉORIE DU VOYAGE. POÉTIQUE DE LA GÉOGRAPHIE, LGF, 2007

LES ULTRAS DES LUMIÈRES, Grasset, 2007

LES BÛCHERS DE BÉNARÈS. COSMOS, ÉROS ET THANATOS, Galilée, 2008

LE CHIFFRE DE LA PEINTURE. L'ŒUVRE DE VALERIO ADAMI, Galilée, 2008

L'EUDÉMONISME SOCIAL, Grasset, 2008

L'INNOCENCE DU DEVENIR. LA VIE DE FRÉDÉRIC NIETZSCHE, Galilée, 2008

LE SONGE D'EICHMANN. PRÉCÉDÉ DE : UN KANTIEN CHEZ LES NAZIS, Galilée, 2008

LE SOUCI DES PLAISIRS. CONSTRUCTION D'UNE ÉROTIQUE SOLAIRE, Flammarion, 2008

LA VITESSE DES SIMULACRES. LES SCULPTURES DE POLLÈS, Galilée, 2008

L'APICULTEUR ET LES INDIENS. LA PEINTURE DE GÉRARD GAROUSTE, Galilée, 2009

LES RADICALITÉS EXISTENTIELLES, Grasset, 2009

LE RECOURS AUX FORÊTS. LA TENTATION DE DÉMOCRITE, Galilée, 2009

LA RELIGION DU POIGNARD. ÉLOGE DE CHARLOTTE CORDAY, Galilée, 2009

APOSTILLE AU CRÉPUSCULE. POUR UNE PSYCHANALYSE NON FREUDIENNE, Grasset, 2010

LE CRÉPUSCULE D'UNE IDOLE. L'AFFABULATION FREUDIENNE, Grasset, 2010

PHILOSOPHER COMME UN CHIEN, Galilée, 2010

LA CONSTRUCTION DU SURHOMME, Grasset, 2011

MANIFESTE HÉDONISTE, Autrement, 2011

L'ORDRE LIBERTAIRE. LA VIE PHILOSOPHIQUE D'ALBERT CAMUS, Flammarion, 2012

LE POSTANARCHISME EXPLIQUÉ À MA GRAND-MÈRE. LE PRINCIPE DE GULLIVER, Galilée, 2012

RENDRE LA RAISON POPULAIRE. UNIVERSITÉ POPULAIRE, MODE D'EMPLOI, Autrement, 2012

LA SAGESSE DES ABEILLES. PREMIÈRE LEÇON DE DÉMOCRITE, Galilée, 2012

VIES ET MORT D'UN DANDY. CONSTRUCTION D'UN MYTHE, Galilée, 2012

LE CANARI DU NAZI. ESSAIS SUR LA MONSTRUOSITÉ, Collectif, Autrement, 2013

LES CONSCIENCES RÉFRACTAIRES, Grasset, 2013

LA CONSTELLATION DE LA BALEINE. LE SONGE DE DÉMOCRITE, Galilée, 2013

LES FREUDIENS HÉRÉTIQUES, Grasset, 2013

LE MAGNÉTISME DES SOLSTICES, Flammarion, 2013

LA RAISON DES SORTILÈGES. ENTRETIENS SUR LA MUSIQUE, Autrement, 2013

UN REQUIEM ATHÉE, Galilée, 2013

AVANT LE SILENCE. HAÏKUS D'UNE ANNÉE, Galilée, 2014

BESTIAIRE NIETZSCHÉEN. LES ANIMAUX PHILOSOPHIQUES, Galilée, 2014

LA PASSION DE LA MÉCHANCETÉ. SUR UN PRÉTENDU DIVIN MARQUIS, Autrement, 2014

LE RÉEL N'A PAS EU LIEU. LE PRINCIPE DE DON QUICHOTTE, Autrement, 2014

TRANSE EST CONNAISSANCE. UN CHAMANE NOMMÉ COMBAS, Flammarion, 2014

COSMOS. UNE ONTOLOGIE MATÉRIALISTE, Flammarion, 2015

HAUTE ÉCOLE. BRÈVE HISTOIRE DU CHEVAL PHILOSOPHIQUE, Flammarion, 2015

LES PETITS SERPENTS. AVANT LE SILENCE, II, Galilée, 2015

L'ÉCLIPSE DE L'ÉCLIPSE. AVANT LE SILENCE, III, Galilée, 2016

LA FORCE DU SEXE FAIBLE. CONTRE-HISTOIRE DE LA RÉVOLUTION FRANÇAISE, Autrement, 2016

LE MIROIR AUX ALOUETTES. PRINCIPES D'ATHÉISME SOCIAL, Plon, 2016

PENSER L'ISLAM, Grasset, 2016

LA COUR DES MIRACLES. CARNETS DE PROVINCE, L'Observatoire, 2017

DÉCADENCE. VIE ET MORT DU JUDÉO-CHRISTIANISME, Flammarion, 2017

DÉCOLONISER LES PROVINCES. CONTRIBUTION AUX PRÉSIDENTIELLES, L'Observatoire, 2017

LE DÉSIR ULTRAMARIN. LES MARQUISES APRÈS LES MARQUISES, Gallimard, 2017

Composition : Entrelignes (64)
Achevé d'imprimer
par Normandie Roto Impression s.a.s.
61250 Lonrai, en octobre 2017
Dépôt légal : octobre 2017
Numéro d'imprimeur : 1704174

ISBN : 978-2-07-272310-0 / Imprimé en France

315708